AF186534

Alexandar Allinger

Vier Sterne sollt ihr sein

Ein besonderer Blick auf die
FIFA-Spiele 2014 wortverspielt
zubereitet und satirisch gewürzt
für Fußballfreunde

www.tredition.de

© 2014 Alexandar Allinger

Verlag: tredition GmbH, Hamburg

ISBN
Paperback   978-3-7323-0431-8
e-Book   978-3-7323-0433-2

Printed in Germany

Inhaltsverzeichnis

Vorwort

Dieses Buch ist anders, anders als die zahllosen Bildbände und Chroniken, die zur Fußball-Weltmeisterschaft 2014 erschienen sind. Es bietet keine Gesamtschau der Ereignisse, opulent bebildert und vor Statistiken strotzend. Stattdessen ist es eine feine Essenz des Turniers, ein raffiniertes Spiel mit Worten, das auf besondere, emotionale Art an das größte Sportereignis der Welt erinnern soll. Die aus Kommentaren zu einem WM-Tippspiel entstandenen Texte sollen Spaß machen, aber auch kritisch sein, gespickt mit viel Satire. Dabei entfaltet der ein oder andere Seitenhieb seine ganze Schlagkraft möglicherweise auch erst nach mehrfachem Nachlesen, was der Lektüre ihren speziellen Charme verleiht.

Lassen Sie, werter Leser, sich amüsieren von den Schilderungen der Auftritte des Erzrivalen Holland mit seinem selbstverliebten Trainer-General. Erlauben Sie sich ein wenig Schadenfreude bei den Geschichten zum unglaublich frühen Ausscheiden der europäischen Fußballgrößen Italien und England. Fühlen Sie nochmal die volle emotionale Wucht, mit der Chile Titelverteidiger Spanien aus dem Turnier stieß und selbst noch brutaler an Brasilien scheiterte. Fahren Sie Psycho-Achterbahn mit dem Gastgeber in den Abgrund des totalen Zusammenbruchs. Und erleben Sie die entscheidenden Szenen auf dem Weg der deutschen Mannschaft zum vierten Stern.

Doch entdecken Sie auch die mal mehr mal weniger versteckte Kritik am Weltfußballverband und ihrem Korruptus Maximus an der Spitze, insbesondere wenn es im letzten Kapitel um die WM-Vergabe nach Katar geht. Außerdem zu finden, fein eingewobene politisch-gesellschaftliche Themen, wie die bei der WM geborene Selfie-Manie, der NSA-Abhörskandal und Russlands Ukraine-Politik. Abgerundet wird das Buch durch den Spielplan im Anhang mit allen Ergebnissen und Tabellen sowie Verweisen auf die Kapitel in denen die Partien aufgegriffen werden. Viel Spaß beim Lesen!

Einleitung

Hurra, es war wieder WM, und die Fußballfans aller Länder vereinigten sich vor den Fernsehern und Leinwänden, auf den Fanmeilen und bei zahllosen Public Viewing Veranstaltungen. Brasilien lud ein zu den FIFA-Spielen 2014 und hoffte auf den sechsten Titel. Vier Wochen lang Fußball satt.

Und bereits die Vorrunde hatte zwei echte Hammergruppen parat, die mit spektakulären Ausgängen die Erwartungen nicht enttäuschen sollten. Zuvorderst der Topf mit Titelverteidiger Spanien, den geliebten Niederländern und hoch gehandelten Chilenen. Kaum vorstellbar, dass Holland hier vorne landen könnte. Zu übermächtig schien der amtierende Welt- und Europameister, der in diesem Jahr ganz nebenbei auch noch seine Klubfußball-Dominanz mit Champions League (im rein spanischen Finale) und Europa League Triumphen zementiert hatte. Dagegen hatten die Deichländer zwar vor vier Jahren im WM-Finale getreten, waren jedoch bei der letzten EM sang- und klanglos in der Vorrunde ausgeschieden. Sicher, mit dem Tulpengeneral werkelte hier ein renommierter Trainer und auch die Quali war nicht zu beanstanden, doch ein Gruppensieg vor Spanien mit einer Elftal, die im Kern dieselbe war wie vor zwei Jahren, erschien eher utopisch. Es sollte anders kommen. Holland gewann die Gruppe nach Husarenstart souverän, und Spanien wurde von in emotionaler Ekstase auftretenden Chilenen ausgeknockt.

Auch in der zweiten „Todesgruppe" gab es prominente Opfer: Italien und England. Für die Azzurri wurde diese WM, wie schon 2010, erneut zur Tortur und zu einem ganz schlechten Thema in den Eisdielen hierzulande. Keinen Deut besser England, das bereits nach drei Spielen zu Hause ankam.

Für Topfavorit Brasilien lief es hingegen zunächst gut. Aber mit Beginn der KO-Runden kochten beim Gastgeber die Emotionen und Tränen über. Genau wie im ganzen Land, das sich den Titel so sehr gewünscht hatte, um über die vielen Sorgen und Nöte der Menschen hinwegzutrösten. Die WM sollte Hoffnung bringen auf bessere Zeiten und Stolz machen auf die eigene Mannschaft. Am Ende war es ein Desaster. Von Psychologen betreut, kam es im Viertelfinale zum Bruch, der eine Runde weiter im Chaos endete. In der Elefantenrunde der besten vier Teams angekommen, wurde der Gastgeber brutal gestoppt und landete auf dem tief enttäuschenden vierten Platz.

Auf den Boden der Tatsachen geholt wurden die Brasilianer von der deutschen Mannschaft, der, trotz erstklassiger Besetzung und vier Halbfinalteilnahmen bei den letzten WM-/EM-Turnieren, nur wenige den vierten Stern zutrauten. Auch nicht nach einem brillanten Auftakt gegen Portugal. Im Gegenteil, nach zwei schwächeren Gruppenspielen und dem Fast-Aus gegen Algerien hatten Zweifler und Nörgler wieder Oberwasser. Im Viertelfinale gegen Frankreich fuhr Deutschland spielerisch unspektakulär im typischen KO-Modus. Aber dann kam das unglaubliche Halbfinale gefolgt von den Sternstunden am Finaltag, die auch die letzten Pessimisten zum Schweigen brachten.

Doch fangen wir von vorne an.

Gruppentheater

Hollands Husarenstück

General van Gaal schoss mit seiner Truppe in der Wiederauflage des 2010er Finals den Titelverteidiger ab und erschütterte die Grundfesten des Weltfußballs. Wie im Rausch hatte Oranje die gegenwehrfreien Spanier vorgeführt und mit 5:1 gedemütigt. Das Gras-Land war daraufhin in kollektives Kneifen verfallen, und der ein oder andere mag sich gefragt haben, ob vielleicht ein Tütchen zu viel im Spiel war. Denn dieses Ergebnis überstieg selbst die kühnsten Erwartungen eingefleischtester Oranje Fans. Auch bei so manchem Experten herrschte verblüfftes Staunen, und Hollands fußballerische Kompetenz anzweifelnde Prognosen wurden als vor Opportunismus strotzende, psychologische Feinheiten verkennende Mainstreamware entlarvt.

Hungrige Holländer hatten satte Spanier verspeist und für das nächste Spiel nur ein verunsichertes Gerippe übriggelassen, dem gegen Chile das letzte Stündlein schlagen sollte. Damit war nach dem monarchischen auch der soccerische Umbruch bei den Halbinslern eingeleitet. Die Niederländer hingegen buchten schon mal ihre Finaltickets.

Squadra Tortura

Zwei weitere Mannschaften mit Finalpotential, Italien und England, trafen sich in Gruppe D wegen Dschungelklima erst zu mitternächtlicher Stunde zum Europa-Gipfel. Interessant zu sehen und typisch im Ausgang, blieb die Squadra trotz optischer Unterlegenheit in subtropischer Schwüle cool, ließ sich von aggressiv angreifenden Engländern nicht aus der Ruhe bringen und gewann 2:1. Damit, so glaubten die Stiefelaner, dürfte dem Gruppensieg nichts mehr im Wege stehen.

Irrtum! Nach einer 0:1 Blamage gegen Fußballzwerg Costa Rica, das dadurch sensationell das Achtelfinale erreicht hatte, stand Italien, vierfacher und vorletzter Weltmeister, plötzlich vor dem Aus. Den Fans blieb die Penne im Halse stecken als der Ball von der Unterkante der Latte ihres Tores aufs Spielfeld prallte und die Linientechnik unbestechlich das GOAL bestätigte. Schwer getroffen vom David taumelten die Azzurri nun übers Feld immer auf der Suche nach einem Geniestreich ihres Regisseurs. Aber der platte Pirlo pumpte schon nach einem Drittel des Spiels im Schweiße seines vollbärtigen Angesichts und ergab sich in sein Schicksal, das da hieß: Endspiel gegen Uruguay.

Italien reichte ein Unentschieden und die 0:0 Taktik der Verteidigungskünstler vom Apennin war gegen hilflos angreifende Urus auch lange erfolgreich.

Achtzig Minuten dauerte der torlose Augen-graus zwischen den Siegern der ersten vier WM-Turniere. Da bahnten sich, angesichts des potenti-ell für das Achtelfinale genügenden Catenaccio, ein paar zärtliche „Italia, Italia" Rufe ihren Weg durch das weite Rund. In dieser kuschelig schwülwarmen Stimmung dann plötzlich großes Kino mit Auftritt des Beißers, als Stürmer, der ihn liebte. Ein versteckter Annäherungsversuch mit spechtender Kopfbewegung in Richtung Gegners Schulter ließ Raum für Interpretationen, ob der Absicht des schon früher bissfällig gewordenen Luis S. Gewalttätiger Übergriff oder etwas unbe-holfener, bedingt durch einen vorstehenden Ober-kiefer als Biss missfühlter Kussversuch? Die Frage blieb unbeantwortet und die Wahrheit Geheimnis des Täters. Aber ein, nach zahlreichen Rangeleien, absolute Sympathie bekundender Akt der Liebe dünkte denkbar, könnte er doch bestätigen, was Homer Simpson bei Entdeckung des Beißer-Landes auf dem Globus intuitiv ausrief.

Die Reaktion war unmissverständlich. In An-nahme einer kannibalistischen Attacke rammte der blaue Verteidiger seinen Ellenbogen in Luis Ge-sicht, der daraufhin deprimiert zu Boden sank. Wie ein Häufchen Elend zusammengekauert, mar-kierte er dort den Verletzten. Der pfeifende Pfarrer bewies bemerkenswerte Toleranz für die Szene und vermied die Bloßstellung der Beteiligten. Kei-ne Gnade zeigte die FIFA und bestrafte drako-nisch, um, in weiser Voraussicht auf die anstehende WM im totaldemokratisch homologen Russland ein eindeutiges Zeichen zu setzen.

Welche Ironie des Geschehens, dass der begehrte Italiener durch sein zur Schau stellen der blessierten Schulter dem Gegner die bis dahin fehlende Inspiration für den KO lieferte. Denn es war genau jenes Körperteil mit dem der Uruguayer Godin nur wenige Augenblicke später den Ball ins Tor und Italien ins Aus beförderte. Wie vor vier Jahren hatte die große Fußballnation bereits nach drei Spielen fertig. Volare, nel blu dipinto di blu: guten Flug Squadra Azzurra! Ciao Bellos, ihr wart schön, schlecht, und Deutschland freute sich, dass ihr diesmal dem Titel nicht im Weg stehen konntet.

Die deutsche Gruppe

Bombenauftakt für das deutsche Team gegen Portugal, der an das erste Spiel der 90er Weltmeister erinnerte, als Jugoslawien mit 4:1 weggebrettert wurde. Damals eröffnet mit einem in den Fanhirnen eingebrannten Aufsetzer-Weitschuss von „Loddar Maddäus".

Diesmal überragte großes, dünnes Müller, der den Portugiesen den Brazuca dreimal ins Nest ballerte. Der halbherzige Versuch von Portugals Pepe, „uns Thomas" mit einem Kopfstoß außer Gefecht zu setzen, scheiterte kläglich und erreichte das Gegenteil. Jetzt war Löws unechte falsche Neun richtig sauer und hielt im Strafraum einfach mal den Fuß drauf, um den Ball direkt im Anschluss herrlich zum 3:0 zu versenken. Mit hochrotem, vor Schweiß triefendem Kopf stand er da, durch das explosive Hochreißen beider Arme und Abspreizen der Finger der letzten Kraft zum Jubeln beraubt. Sein Ausdruck höchsterschöpfter Dehydration in absoluter Krampfnähe mischte sich in die Freude aller Mitspieler. Ein Zustand, wie man ihn aus Spielen auf heimischen Böden vielleicht in den letzten fünf Minuten der Verlängerung kennt, aber nicht schon nach knapp vierzig Minuten Spielzeit.

Da war die Partie dann auch entschieden und wäre besser abgepfiffen worden, anstatt die Spieler nochmal fünfundvierzig Minuten bei brasilianisch mittagshitzigen vierzig Grad im Schatten gesundheitsgefährdend zu quälen. Dies könnte die grundsätzliche Frage nach dem Unsinn von mittäglichen Fußball Spielansetzungen in tropischen Klimazonen aufwerfen, tat es aber keinesfalls, denn Werbung schwitzt nicht. Die Kanzlerin auch nicht. Nach neunzig Minuten im gefühlt vollklimatisierten Logensitz begab sie sich noch in die Spielerkabine. Auf einem Foto eng umschlungen mit Poldi, als Selfie um die Welt gezwitschert, leistete sie dort ihren Beitrag zur Generationenverständigung. Dabei musste sie aufpassen, dass Annexionator Putin vor lauter Neid nicht auch noch Deutschland den Gashahn zudrehen würde.

Und das schon nach dem ersten Spiel! Da konnte es für Mutti beim Kabinenbesuch nach dem WM-Titel nur heißen: „Pack die Badehose ein!" Na ja, andere Zeiten, andere Sitten. Für Fritz Walter war nach dem Wunder von Bern schon der gratulierende Händedruck von Erstbundeskanzler Adenauer das höchste der Gefühle.

Hochgefühl auch in den Klinsmen, denen kaum jemand einen Sieg gegen Ghana zugetraut hatte. Nach der 1:0 Führung im ersten Durchgang stemmte sich die amerikanische Mannschaft von Trainer Emoción mit viel Einsatz und Leidenschaft gegen die starke Druckphase der Afrikaner in der zweiten Halbzeit. Diese nahmen immer mehr Fahrt auf, übersinnlich unterstützt vom weißgesichtigen, mit hypnotisch-bösem Blick die Rasta Haare rhythmisch schüttelnden Medizinmann auf der Tribüne. In der zweiundachtzigsten Minute dann volles Tempo beim wunderbaren Steilpass-Hacke-Außenrist Ausgleichstor. Von der Schönheit ihres Treffers und der magischen Kraft ihres okkulten Fans völlig verzaubert, verschliefen die Ghanaer den Rest des Spiels. So dauerte es nach dem 1:1 nur vier Minuten, bis die US-Boys nach Eckball ungehindert das Siegtor einnicken konnten. Jürgen & Co stürmten von der Bank zum ekstatischen Freudentänzchen auf das Spielfeld; Ausrufezeichen Richtung Muskelnaldo inklusive.

Und der staunte nicht schlecht, als Team USA auch im zweiten Spiel gegen seine Portugiesen hormonfleischgestärkt über sich hinauswuchs, höchstengagiert ein 0:1 in ein 2:1 drehte und damit um ein Haar den Achtelfinaleinzug klar gemacht hätte. Doch einen Hauch vor Schlusspfiff schlug der Weltranglistendritte nochmal zu und sicherte sich mit dem 2:2 eine Minimalchance für die nächste Runde.

Dank Deutschland, das in seinem Mittelspiel das Ergebnis kopierte. Nach dem 1:0 Knietreffer durch Milchbubi Mario war Gegner Ghana mit einem Doppelschlag sogar in Führung gegangen. Dann aber schnappte die schwarz-rot-goldene Generationenzange gnadenlos zu, als Methusalem Miro sein WM-Rekordtor zum 2:2 markierte. Das Bein in Ballerina Manier bis zum großen Zeh ausgefahren stupste Knipser Klose den Ball über die Linie. In überschäumender Begeisterung über die famose Beweglichkeit seines Vorruhestandshaxens legte Saltoslav gleich noch eine Turnübung nach, die allerdings fast auf die Hose ging. Das tat der Freude über das hart erkämpfte Unentschieden keinen Abbruch, auch wenn die Punkteteilung für das dritte Spiel gegen Jürgens Jungs von Gruppensieg bis Heimfahrt alle Ausgänge offen ließ.

Allerdings hätte Deutschland genau wie den USA ein Remis fürs Weiterkommen gereicht, so dass sich ein Nichtangriffspakt à la Gijón 1982 zumindest für die vermeintlich schwächere amerikanische Mannschaft aufzudrängen schien. Um diesbezügliche Verhandlungen auf höchster Ebene geheim zu halten, soll sich Barack Obama bei der NSA um eine Abhörunterbrechung für das Kanzlerinnen-Handy bemüht haben. Im abgeschirmten Zwiegespräch wollte er dann Angie vertraulich briefen damit diese ihre hautengen Kontakte ins

Jogi-Land zum Wohlsein von Big Brother nutzen konnte.

Wenig erfolgreich. Denn als sich J&J, die Brüder Grimm des deutschen Sommermärchens, zur Regenschlacht von Recife trafen, fiel guter Fußball zwar ins Wasser, doch für die respektüberfluteten Nordamerikaner gab es gegen Deutschland trotzdem nichts zu holen. Hinten standen die Amis ultratief mit bis zu sechs Mann in der Kette, aber nicht dicht genug, um Müllers Siegtreffer zu verhindern. Vorne agierten sie wie die Chlorhähnchen, sterilisiert und bewegungslos.

Am Ende konnte sich das US-Team aber trotz 0:1 Niederlage über das Weiterkommen freuen, weil Ghana gegen Portugal zu schwach zum Siegen war. Fröhlichkeit auch im Germanenlager, denn mit Gruppensieg und Achtelfinale im winterlichen Porto Alegre war das erste Ziel auf dem Weg zum vierten Stern erreicht.

Der Gastgeber

Für Brasilien konnte es nur ein Ziel geben: Weltmeister. Doch im Eröffnungsspiel stand es lange nur 1:1, was auf den Rängen für Unruhe sorgte. Besonders einer hatte ernste Befürchtungen, dass der Volkszorn bei einem Fehlstart überkochen könnte. Vor allem, nachdem er geschockt feststellen musste, dass seine Sprühanweisungen für die WM-Schiris auch von den Cops do Brasil aus nächster Nähe gegen Demonstranten umgesetzt wurden. Es war höchste Zeit für Plan B(latter). In der einundsiebzigsten Minute dann endlich eine Szene, die zur Scharfschaltung der eigentlichen Hauptfunktion der neuen Technologie geradezu einlud (potentiell lässt sich dadurch auch die auffällige Häufung von eklatanten Fehlentscheidungen der Sprühis in anderen WM-Spielen erklären).

Mit einem leisen Vibrieren meldete sich die Torlinientechnik-Uhr am Arm des Schiedsrichters und zeigte unmissverständlich FIFA-FOUL. Verunsicherung auf dem Gesicht des ornithologisch bestens vorgebildeten, japanischen Unparteiischen, der die Schwalbe doch bereits sicher typisiert hatte und weiterlaufen lassen wollte. Aber Sepp-san ließ ihm keine Wahl. Das Gesicht zur entschlossenen Überzeugung verzerrt und den Arm zum Punkt erhoben, in unbedingter Loyalität für den Arbeitgeber erstarrt, pfiff der Spielleiter Elfmeter für Brasilien. Die Partie lief nun wie erwartet und endete nach einem last minute Spitztor noch 3:1.

Bei ihrem zweiten Auftritt verzweifelte die Seleção an den grandiosen Paraden des mexikanischen Keepers. In dem hochinteressanten, von begeisternden Fans getragenen Spiel konnten die Brasilianer am Ende sogar froh sein, in der Nachspielzeit nicht noch zu verlieren. Das 0:0 ließ alle Optionen für den weiteren Weg des Gastgebers durch das Turnier offen.

Die Entscheidung fiel im dritten Duell. Nach der enttäuschenden Nullnummer gegen Mexiko ging es für Brasilien vor erdrückend erwartungsvollen Fans um Rehabilitation. Als idealer Aufbaugegner dienten die der Selbstzerfleischung frönenden Kameruner Löwen. Die traten jedoch überraschend lustvoll auf und verwandelten mit ihrem 1:1 das frenetische Publikum für zehn Minuten in eine Drohkulisse. Bis Neymar, der Kristallisationspunkt aller gelbgrünen Hoffnung, erneut zuschlug und die Massen befriedete.

Im Parallelspiel ließen clevere Mexikaner biedere Kroaten am Achtelfinalstrohhalm verhungern bevor sie sich mit einem Tortriple kurzzeitig sogar in unmittelbare Gruppensiegnähe katapultierten. Am Ende aber alles wie erwartet: Brasilien Erster in Gruppe A.

Leichtigkeit des Seins

Ebenfalls Gruppenerster und höchst beeindruckend, Kolumbien, das als B-Elf auch im letzten Spiel mit 4:1 gegen Japans bundesliga-dominierte Truppe auftrumpfte. Im Gefühl des sicheren Sieges gefiel Ex-Argentinien Trainer Pekerman mit großer Geste. Kurz vor Spielende schenkte er seinem dreiundvierzigjährigen Ersatztorwart einen Rekord und machte ihn durch Einwechslung zum Asbach Uralt der WM-Geschichte. Mit aufreizender Leichtigkeit tanzten die Südamerikaner durch die Vorrunde, gewannen alle Spiele und waren auch im Achtelfinale gegen Uruguay favorisiert.

Im anderen Finalspiel der Gruppe C dann Dramatik um den verbleibenden KO-Rundenplatz. Griechenland spielte sich in einen Rausch und führte hochverdient mit 1:0 gegen die Elfenbeinküste, flankiert von zwei brachialen Lattenknallern. Die Afrikaner, sichtlich beeindruckt und bei diesem Spielstand auf Heimreise gebucht, kamen zurück und entrissen mit dem 1:1 in der zweiundsiebzigsten Minute den Griechen das Achtelfinale. Es folgte Angriff auf Angriff, um nochmal zu drehen, ohne Erfolg. Das Aus schien Bestimmung. Doch dann geschah das Unfassbare: Elfmeter, nur wenige Sekunden vor Ende der Nachspielzeit. Atemstillstand auf der hellenischen Halbinsel als ihr Auserwählter anlief und Sekunden später zum Helden mutierte. Griechenland stand im WM-Achtelfinale gegen Costa Rica: das ist Fußball!

Und das auch: Wenn die Zeit für eine Millisekunde stillsteht auf dem grünen Rasen. Wenn der Ball eins wird mit dem Fuß, und der Fuß sich mit dem Ball verbindet zum Fußball. Dann ist Magier Messi am Werk und vermag in diesem Moment mit seiner wunderbaren Ballbehandlung auch bekennende Fußballagnostiker von der Herrlichkeit des Spiels zu überzeugen.

So geschehen gegen Nigeria, als der Barça-Star unmittelbar vor dem Pausentee ein Schmankerl servierte und den Ball per Freistoß ins Tor streichelte. Die perfekte Flugbahn des Spielgeräts schmeichelte dem Ästhetenauge, aber am Ende zählte nur das nackte Resultat. In diesem Fall ein

3:2 für den Favoriten Argentinien, der erwartungsgemäß die Gruppe F gewann und im Achtelfinale auf die Schweiz traf.

Dynamik und Drohgebärden

Die Gruppe H gewinnen wollten die hoch gewetteten Belgier. In ihrem Auftaktspiel gegen Algerien reagierten die Kampfferkel aber zunächst eher hilflos auf den nach der gegnerischen Elfmeter-Führung angerührten, nordafrikanischen Beton. Erst in der zweiten Halbzeit brachten schlaue Einwechslungen von Kampfschwein-Coach Wilmots die Wende. Dabei steckte im Ausgleichstor viel Teutonisches als Fellaini, der Mann mit Paul Breitner Gedächtnisfrisur, in Uwe Seeler Manier einen Freistoß von Bundesligaspieler Kevin De Bruyne per Hinterkopf unter die Latte bugsierte. Dicht gefolgt von einem blitzsauberen Tempogegenstoß der jungen Wilden. De Bruyne hatte den Ball im Mittelfeld clever erobert und spielte auf Chelsea Star Hazard. Dessen Traumquerpass landete beim SSC Neapolitaner Mertens, der das Spielgerät mit voller Wucht in die Maschen zimmerte. Energie pur und viel Fantasie für die kommenden Aufgaben, die allesamt von den Belgiern makellos erledigt wurden: Gruppensieg und Achtelfinale gegen die Amis.

Raus dagegen Russland. Angesichts der völlig verpatzten, sieglosen Generalprobe für die WM im eigenen Land hing in der Präsi-Datscha der Haussegen schief, und der Obermotz hegte krimige Gedanken. Um den nervenden Anhörungen der FIFA zum Zustand der Spielstätten für das Großereignis 2018 aus dem Weg zu gehen und den sanktionsgeplagten Staatssäckel zu schonen, sollten die runderneuerten Arenen der EURO 2012 im Nachbarland annektiert werden. Die Aufwärmübung hatte mit der heimgeholten Halbinsel prima geklappt, Supermacht Amerika war an akutem Fußballfieber erkrankt, und die NATO-Wehrfähigkeit entsprechend eingeschränkt. Damit standen alle Zeichen auf Expansion.

England is coming home

Die Zeichen für England standen nach der Niederlage gegen Italien schon früh auf Aus. Mit dem zweiten Auftritt gegen Uruguay degenerierte das große Britannien bei dieser WM dann endgültig zum Statisten und war bereits reif für die Insel. Entnervt und chancenlos fand man sich auf dem letzten Platz der Gruppe D wieder, die nach der Squadra Azzurra auch die Three Lions beerdigte. Aus der Traum für Rambo Rooney vom heißersehnten Selfie mit Queen Mum, denn trotz seines ersten WM-Tores versetzte die Obermonarchin am Ende des Uruguay Spiels Klein-Wayne in der Kabine der Düpierten.

Nach dem ersten Vorrundenaus seit sechsundfünfzig Jahren herrschte im britischen Blätterwald Weltuntergangsstimmung. Die frustrierten Fans sollen mit „Row home"-Rufen und rudernden

Armbewegungen sogar die Heimreise des Teams auf dem Seeweg gefordert haben.

Gescheitert waren die Engländer an einem ihnen als Top Scorer der Premiere League bestens bekannten, bissigen Stürmer vom FC Liverpool, der die Fußballmütter mit zwei Treffern im Alleingang abschoss. Diese bestens ausgebildeten und in den Topligen Europas gehärteten Ausnahmespieler entfachten in ihren südamerikanischen Nationalmannschaften eine Glut, die auf dem heimischen Kontinent von den überzähligen, bedingungslos an den eigenen Erfolg glaubenden Fans zu einer lodernden Flamme angefeuert wurde. Darin gingen die Hoffnungen anderskontinentaler WM-Teilnehmer nach und nach in Rauch auf. Das spezielle Klima tat sein übriges. Noch nie hatte ein Team jenseits der Grenzen Südamerikas eine Fußball-WM auf dem amerikanischen Kontinent gewonnen, und die bisherigen Eindrücke deuteten auf eine Fortsetzung dieser Serie hin.

Glück für Deutschland, dass sich sein Turnierweg voraussichtlich erst im Halbfinale mit einer „brennenden" Mannschaft kreuzen konnte. Aber ob dann eher brav und pflichtbewusst hervorgebrachte Bekenntnisse, wie das „Wir wollen Weltmeister werden" von Tony Kroos, was klang wie „Ja, ich habe meine Zähne geputzt", ausreichen würden, um südamerikanisches Feuer zu löschen, durfte zu diesem Zeitpunkt angezweifelt werden.

Emotionale Ekstase

An loderndem südamerikanischem Gefühl ver-
glüht war das sechs Jahre strahlende Spanien.
Nach dem Auftaktschock gegen die Niederlande
verabschiedeten sich die Iberer mit ihrem zweiten
Spiel chancenlos aus dem Turnier.

Der großartigen gegnerischen Mannschaft ge-
bührte riesiger Respekt. Ihr Stolz in der frühabend-
lichen Luft des Maracanã greifbar und die Hand
auf einem vor Leidenschaft und Heimatliebe brennenden Herzen, intonierten die chilenischen Spieler ihr „Puro, Chile" zusammen mit den Fans. In
Demonstration reiner Stärke übersangen sie am
Ende a cappella die FIFA-Version um eine Strophe.
Ein Gänsehautmoment, der den Angstschweiß in
den Torero Trikots schon vor dem Anpfiff gefrie-
ren ließ.

Nach zwanzig Minuten nahm der spanische
Alptraum in Form einer phantastischen Direkt-
kombination der Andenbande Gestalt an. Das Stadion tobte, als der Ball im Netz des Titelverteidi-
gers zappelte. Die unbändige emotionale Kraft des
Emporkömmlings auf der Fußball-Weltbühne
schien in dieser Sekunde den letzten Willen zur
Gegenwehr beim Weltmeister gebrochen zu haben.
Die Titelträger waren ohnmächtig gegen ihre wil-
lentliche Unterlegenheit und das, aus den vergan-
genen Erfolgen geborene, motivationstötende,
tiefverankerte Sättigungsgefühl, das jeden Diätbe-

rater vor Neid erblassen ließe. Entnervt ergaben sich die Spanier in ihr Schicksal und nach dem 0:2 kurz vor der Halbzeit ging für Tiki-Taka endgültig das Licht aus.

Der Favorit war tot, es lebe der Favorit! Chile, diese Mannschaft, bei der sich großes Gefühl mit grenzenlosem Siegeswillen und hoher spielerischer Qualität paarte, hatte das Zeug zum Weltmeister. Davor wartete aber zunächst das Duell mit den Niederländern, die ihrerseits beim hart umkämpften 3:2 gegen Australien zurück in der Realität angekommen waren. Auf dem Spiel stand der Sieg in Gruppe B, um damit einem Aufeinandertreffen mit Brasilien im Achtelfinale aus dem Weg zu gehen.

Dafür musste Chile gegen Holland gewinnen. Aber Oranje agierte abgezockt und stellte sich souverän den Roja Angriffswellen in den Weg, die am hünenhaften Abwehrdeich meist wirkungslos zerschellten. Ein streckenweise überforderter schwarzer Mann tat sein übriges und ließ Blind in seinen rustikalen Attacken gegen Chilestar Sánchez zu lange gewähren. Auch mitunter augenscheinlich elfmeterreife Fouls wurden geflissentlich übersehen, beziehungsweise durch FIFA-NO Anzeigen auf der Torlinientechnik-Uhr als Täuschungsversuche klassifiziert. Chile Trainer Sampaoli belzebubte an der Außenlinie, durch die Coaching-Zone kaum im Zaum zu halten, ob der gefühlten Benachteiligung und dem drohenden Achtelfinale gegen den Gastgeber. Sein Kollege blieb hingegen gelassen, landete zwei Wechseltreffer, und die Niederlande erledigte die Vorrunde mit Maximalpunktzahl in tulpenweißer Weste.

Damit war die Elftal bereit für ihre Achtelfinalmission „Mexi-KO". Das sahen die euphorisierten Oranje Fans genauso. In Erwartung weiterer Siege stapelten sie ihre Wohnwägen auf Amsterdamer Containerschiffen mit Kurs Maracanã. Dort sollte am 13. Juli der Traum vom ersten WM-Titel endlich wahr werden.

Was den Beneluxen frühestens im Finale begegnen würde war für Chile nun schon im Achtelfinale Programm: Brasilien. Angstgegner und immer Endstation, wenn die Chilenen über die Vorrunde hinauskamen. Zuletzt im Achtelfinale vor vier Jahren, als es ein 0:3 hagelte und in selber Runde 1998 ein 1:4. In den letzten zehn Jahren konnte Chile nicht gegen Brasilien gewinnen. Doch nun sollte endlich Historisches gerächt werden: die 2:4 Niederlage im Halbfinale bei der 1962er WM im eigenen Land. Damals hatte die Seleção die Titelträume einer ganzen Nation zerstört und war selbst zum zweiten Mal Weltmeister geworden. Ein Triumph der chilenischen Mannschaft über den Gastgeber würde diese Wunde heilen und Brasilien in tiefe Depression stürzen. Himmelhoch jauchzend oder zu Tode betrübt. Es ging um viel in diesem Spiel, und es sollte hochdramatisch werden.

Eine Prise Fußballgott

Da stand er nun, bereit zur Validierung seiner Hoffnungsträgerschaft, aber auch unmittelbar am Abgrund, der lauerte, um den Überflieger gnadenlos abstürzen zu lassen.

Dabei fing alles so perfekt an: die Einarmpolonaise ins Stadion, diesen gelben Hexenkessel, der das Hymnenspiel zum Heimsieg machte, und die schnelle Führung. Aber nach dem Ausgleich wurde der Siegtreffer vom Hulk wegen Handspiel abgepfiffen und es blieb beim 1:1. Elfmeterschießen. Am Fließband produzierte Stoßgebete und maximaler Druck, der die brasilianischen Spieler schon vorher weinen ließ. Zweihundert Millionen Landsleute zwischen Hoffen und Bangen, Beten und Bibbern, blickten in grenzenlosem Vertrauen nur auf ihn. Sie verließen sich darauf, dass er treffen würde und dass nicht sein konnte, was nicht sein durfte: das WM-Aus ihrer Mannschaft.

Neymar lief an, seitlich, mit Trippelschritten die gigantische Last auf seinen Schultern abschüttelnd, verlud den Torwart und schoss beeindruckend sicher ein. Grenzenloser Jubel im ganzen Land, der sich auf den Tribünen in ohrenbetäubende Buhrufe für den letztbenannten Schützen der Chilenen wandelte.

Der Rote gegen ein Meer aus gelben Fans, gefühlt wie Sigmar Gabriel auf dem FDP-Parteitag, musste jetzt treffen, um das Duell am Leben zu erhalten.

Wenige Minuten zuvor hatten nur Millimeter zur unglaublichen Sensation gefehlt als der Fußballgott den fulminanten Schuss des chilenischen Stürmers in der einhundertzwanzigsten Minute an die Latte lenkte. Und das Schicksal blieb auf der Seite der Gastgeber, die das Turnier so früh noch nicht verlieren sollte.

Der rote Schütze lief an und zielte genau. So genau, dass der fünfte Elfer gegen den Innenpfosten prallte. Von dort flog der Ball die Linie entlang, das rettende Netz so nah, doch der Drall Dei drängte ihn ab, weg vom ersehnten Ziel. Kein Tor, kein Sieg, nur Nichts. Das Aus der Roja war besiegelt.

Brasilien feierte überschwänglich das Viertelfinale und Chile trauerte. Vorbei die Jahrhundertchance, den großen Rivalen erstmals bei einer Fußball-Weltmeisterschaft zu schlagen.

Eine Chance, die es in Wahrheit nie gab.

Augen auf im Achtelfinale

Brasiliens Gegner im Viertelfinale hieß Kolumbien. Die Tanzcombo blieb nach der überragenden Vorrunde auch im Achtelfinale gegen Uruguay geschmeidig, erreichte das erste Mal in ihrer Geschichte die Runde der letzten Acht und stellte nun sogar den Führenden der Torschützenliste. Der dreiundzwanzigjährige „Chames" schoss die Urus mit seinen beiden Toren zum 2:0 alleine raus und verewigte sich damit auf den Einkaufslisten zahlreicher europäischer Top-Klubs. Diese wussten bei Betrachtung des ersten Tores, diesem Kunstwerk aus perfekter Koordination und Dynamik, genau, dass Ölscheich oder Oligarch tief in die Portokasse würden greifen müssen.

Dem hatten die wieder in aufreizend hautengem Hellblau angetretenen Pampas nichts entgegenzusetzen, außer brutalster Härte. Zu sehen fünfzehn Minuten vor Schluss, als bei unterbrochener Partie ein Uru, Zeitspiel vermutend, lossprintete und mit voller Wucht in seinem Gegenspieler einschlug. Doch in einer Schiri-Community, die potentielle Beißattacken tolerierte, blieb auch diese eingesprungene Sense ungeahndet. Zu Recht, wie der zumeist Dünnschiss raspelnde deutsche Kommentator meinte. Denn er mochte in dieser Sache keine Tätlichkeit unterstellen, da es sich um EINE Bewegung handelte. Ja genau, eine Bewegung, die nur dem einen Zweck diente, den

Gegner brutal umzunieten. Sexy Trikots hin oder her, auf dieses, in alte Untugenden zurückfallende Uruguay konnte die WM schmerzfrei verzichten.

Abgebrühte Argentinier

Keineswegs schmerzfrei, sondern brutal bitter war das Achtelfinale für die Schweiz gegen den übermächtig scheinenden Doppelweltmeister Argentinien. Denn die Eidgenossen spielten prächtig, ließen gemäß Volksentscheid keinen rein und erreichten die Verlängerung. Erst in der einhundertachtzehnten Minute fand der argentinische Messi(as) di Maria, und das für die Südamerikaner rettende 1:0 ward geboren. Danach Dramatik beim Pfostenköpper der Nati, und das endgültige Aus für Hitzfeld und die Seinen.

Viertelfinalgegner der Argentinier wurde Belgien, das sich in seinem Achtelfinale gegen die USA einen wahnsinnigen Schlagabtausch mit einmaliger Großchancendichte lieferte. Die zweite Halbzeit war das bis dato Beste bei diesem Turnier, aber es reichte trotzdem nicht für einen Treffer. Auch die Verlängerung wurde mit offenem Visier von beiden Seiten kompromisslos auf Sieg geführt. Ein Hochgenuss für den wachgebliebenen Zuschauer, der den nimmermüden, bis zur letzten Sekunde kämpfenden US-Boys höchsten Respekt zollte, tief beeindruckt vom amerikanischen Sportsgeist. Am Ende aber stand es 2:1 für das Königreich, und Amerika hatte ausgeträumt. Die Jungen vom wilden Wilmots waren weiter und warteten nur darauf, in dieser Form auch arrogante Argentinier zur Strecke zu bringen.

Was nicht gelang, denn statt arrogant, agierte Argentinien äußerst abgebrüht und erwehrte sich den bisher begeisternden Belgiern höchsteffizient. Mit, im Gegensatz zum Schweiz-Spiel sehr frühem Tor gewann die Albiceleste 1:0. Damit war der Hackordnung Genüge getan. Die arrivierten Argentinier standen im Halbfinale und hatten noch einen aufmüpfigen Außenseiter aussortiert.

Holper, holper, Holland

Argentinien! Das war ein Halbfinalgegner nach dem Geschmack der Niederländer. Endlich ein der Vorrunden-Dominanz angemessener Kontrahent und die ersehnte Möglichkeit zur Revanche für das verlorene 1978er Endspiel. Lästig nur, dass davor noch zwei unwürdige Mannschaften zu beseitigen waren, gegen die es für Generals Truppe anstelle von Ehr und Anerkennung nur profane Pflichtsiege zu holen gab.

Der erste dieser gemeinen Gegner war im Achtelfinale Mexiko. Die Sombreros führten gegen die überfliegenden Holländer lange 1:0 und hätten auf die letzten sechs Minuten des Spiels gerne verzichtet. Denn kurz vor Schluss fand die Elftal ihre Bodenhaftung wieder. Nach dem späten Ausgleich in der achtundachtzigsten Minute durch Sneijders Vollspannhammer, erlegte der Hunter die Mittelamerikaner mit platziertem Schuss in der vierundneunzigsten Minute. Es war ein Elfmeter, provoziert vom, auch kurz vor Schluss in schwüler Gluthitze noch bewundernswert beweglichen Robben, der beim Haken schlagen durch den Strafraum von den Beinen geholt wurde. Spekulationen über den Frischmachergehalt in den orangenen Kühlpausengetränken ergaben sich daraus allerdings nicht.

Die Niederländer standen im Viertelfinale. Der Aztekentraum war beendet und Mexiko das sechste Mal in Folge im WM-Achtelfinale ausgeschieden. General Genial van Gaal fühlte sich mal wieder als der Größte. Mit Taktikumstellung und Einwechslung des schon ausgebooteten Huntelaar hatte er alles richtig gemacht und seinen Kopf kurz vor Exitus noch aus der Fan-Schlinge gezogen.

Jetzt ging es für die Eidotter gegen Costa Rica. Die Totengräber des europäischen Fußball-Establishments stellten sich im Achtelfinale mit überragendem Torwart anstrengenden Griechen entschlossen entgegen. Auch ein Platzverweis und der 1:1 Ausgleich in letzter Minute der regulären Spielzeit wurden weggesteckt. Die Verlängerung blieb torlos, gefolgt von einem all-in shootout der Mittelamerikaner, die sich damit das erste Mal in ihrer Geschichte einen WM-Viertelfinalplatz sicherten. Ob der beängstigenden Souveränität vom Punkt sollte es die Elftal gegen Costa Rica lieber nicht auf ein Elfmeterschießen ankommen lassen.

Doch genau dazu kam es in diesem Spiel mit maximalem Blamage-Potential für die nervösen Niederländer, die aber dank erfolgreichen Psycho-Schachzugs ihres plattnasigen Trainerfuchses am Ende reüssierten. Dieser zauberte den Elfmetertöter Tim Krul aus dem Hut, der die gegnerischen Schützen durch intensives, mit passenden Gesten untermaltes Belabern erfolgreich irritierte und zwei Fehlschüsse provozieren konnte. Das reichte. Holland stand tatsächlich im Halbfinale gegen Argentinien.

Deutschland im KO-Modus

Für die deutsche Mannschaft begannen die Al-
les-oder-Nichts Spiele gegen Algerien, das noch
nie zuvor besiegt worden war. Unweigerlich wurden Erinnerungen wach an 1982 und die 1:2 Niederlage im damals ersten WM-Gruppenspiel gefolgt von der Schiebebegegnung mit den Ösis. Un-
vergesslich schandhaft und vielleicht das Quänt-
chen Zusatzmotivation, das ein Außenseiter für
die Sensation brauchte. Und es fehlte nicht viel.
Nach grottiger erster Hälfte war es ein unterhalt-
sames 0:0 mit vielen Großchancen der deutschen
Elf, die allesamt vom reaktionsschnellen algeri-
schen Keeper entschärft wurden. Dazwischen immer wieder überfallartige Konter des grünen Gegners mit stetem Gegentor-Risiko, harakirisch ab-
gewehrt von Manu, dem Libero. Kurz nach Extra-
zeit-Anpfiff dann endlich das erlösende 1:0, und
am Ende mit 2:1 der erste Sieg gegen die Nordafri-
kaner.

Im Viertelfinale wartete nun Frankreich. Les
Bleus brauchten in ihrem Achtelfinale nur neunzig
Minuten, um den zweiten noch verbliebenen Afri-
kavertreter Nigeria aus dem Turnier zu werfen.
Deutschland gegen Frankreich: ein Klassiker und
Duell ewiger Rivalen auf Augenhöhe, mit offenem
Ausgang. Nach dem Zitterspiel gegen Algerien
bedurfte es einer deutlichen Leistungssteigerung
der deutschen Elf, um gegen die wiedererstarkten,

hochfunktionalen Franzmänner nicht vorzeitig auszuscheiden.

Mit Blick auf dieses brisante Viertelfinale im legendären Maracanã Stadion zu Rio stieg das Fanfieber unaufhaltsam. Kein Fußballfreund hierzulande wollte das so wichtige Spiel verpassen. Trotzdem, kurz vor Anpfiff zwanzig Kilometer Stau auf der A3! Das konnten doch nur verirrte Holländer gewesen sein, die, ihrerseits titelfiebrig, im Navi „Brasilien" übersprungen und bei „Bratislava" eingeloggt hatten. Begeistert über die kurze Fahrzeit und die Chance, noch rechtzeitig zum eigenen KO-Spiel vor Ort zu sein, machte sich die Wohnwagen Karawane auf den Weg in die Verstopfung.

Genau wie die französischen Stürmer gegen ein in der Defensive dominantes Deutschland, das sich mit Kapitänskette ins Halbfinale arbeitete. Bezeichnend, dass der einzige Treffer nach Standardsituation vom Abwehrmann Hummels eingeköpft wurde. Französische Angriffsbemühungen verpufften in der vielbeinigen Verteidigung bis Benzema in der vierundneunzigsten Minute einmal durchkam, die gesamte deutsche Abwehr hinter sich ließ und wuchtig abfeuerte. Auf den Fanmeilen stockte der Atem. Ausgleich?

Nein! Denn Neuers Manu erhob sich blitzartig und stoppte den Ball. Der Sieg war gesichert. Wie bei den letzten drei Weltmeisterschaften stand Deutschland im Halbfinale und am noch zwei

Spiele entfernten Horizont blinzelte wieder der vierte Stern.

Effizient, ergebnisorientiert, erfolgreich. Der deutsche Fußball in Achtel- und Viertelfinale erinnerte an die 1:0 KO-Runden Serie im 2002er Turnier oder an das 1:0 gegen Tschechien im Viertelfinale 1990 (dem übrigens auch ein 2:1 im Achtelfinale vorausging); in beiden Fällen kam Deutschland ins Finale. Zuschauerfreundlichen Hurra-Fußball wie 2006 und 2010, als jeweils im Halbfinale Schluss war, gab es dieses Jahr bisher nur auf den PlayStations im mondänen Teamquartier. Sterndeuter, wer darin ein gutes Omen sah, und sich dachte: „Auf Wiedersehen, Maracanã!"

Brasiliens Bruch

Deutschlands Halbfinalgegner wurde zwischen Brasilien und Kolumbien ermittelt. Der Gastgeber war klarer Favorit. Das Volk duldete keine Niederlage. Angesichts dieses bedrohlichen Drucks und alarmiert durch beim Chile Krimi wahnsinnig weinende Weltstars war bei der Seleção zunächst Psychohygiene angesagt. Von der Couch ging es dann frisch bependelt und wie hypnotisiert, im Zeitlupentempo ins als Hinterhof gedachte Stadion, den voranschreitenden Kolumbianern mit großem Abstand folgend.

Die eingebildeten Straßenfußballer aus Brasilien gingen denn auch mit robustem Tempospiel zur Sache und hatten nach dem schnellen 1:0 durchaus Spaß. Der Torschütze und Kapitän nahm das Ganze allerdings etwas zu locker und missachtete das in freier Wildbahn unbekannte FIFA-Basisregelwerk. Beim Versuch, dem Torhüter den Ball vom Abschlag weg zu spitzeln, handelte er sich eine völlig überflüssige gelbe Karte ein, die ihn fürs Halbfinale aus dem Spiel nahm. Kurz danach die ekstatische Explosion des David Luis nach perfekt in den Winkel gezirkeltem Freistoßtor, und der Elfer-Anschlusstreffer durch das sechste Tor von Kolumbiens Jungstar „Chames" zum 2:1 Endstand.

Doch plötzlich war alles schnulli bulli. Denn als in der siebenundachtzigsten Minute Neymar, vom kolumbianischen Knie gerammt zu Boden ging und schmerzverzerrt liegenblieb, begann eine neue Zeitrechnung bei dieser WM. In den Stunden bis zur Diagnose „Wirbelbruch" entwich die Hoffnung aus dem Gastgeberland wie der letzte Odem und der Favorit metamorphosierte zum Underdog.

Der kolumbianische Knochenbrecher erreichte damit genau das, was die engagierten Seelenheiler niemals schaffen konnten. Er beraubte die Seleção ihres besten Mannes und befreite sie damit vom kaum auszuhaltenden Erwartungsdruck ihrer Landsleute. Die waren geschockt vom tragischen Verlust. Deutschland, dieser perfekt funktionierende, durchweg kontrollierte und bestens standardisierte Verwaltungsapparat, erschien nun als kaum überwindbarer Gegner, dessen Bezwingung einem Wunder gleichkäme.

Ganz anders hierzulande, wo nach dem Ausfall von Brasiliens Bestem nur noch die Frage nach dem Finalgegner diskutiert wurde. Der vierte Stern geisterte durch die Medien. Wie eine alte Glühbirne flackernd animiert, fügte er sich zu seinen drei leuchtenden Pendants und wartete nur darauf, endlich, fest verankert auf den deutschen Trikots, in vollem Glanz erstrahlen zu können. „Jetzt packen wir's!" titelte die Bild am Sonntag vor dem Halbfinale in großen schwarzen Lettern auf dem Goldpokal. Vier Sterne sollt ihr sein!

Diese epische Druckumkehr schlug hohe Wellen über den Atlantik. Am Strand von Campo Bahia angekommen, drohten diese nicht nur Jogi

Löw beim morgendlichen Aufwachlauf aus dem Gleichgewicht zu schwappen, sondern die Tiefenentspanntheit im gesamten deutschen Lager wegzuschwemmen. Denn jetzt wussten Jogis Jungs, dass sie plötzlich nicht mehr alles gewinnen, sondern nur noch verlieren konnten. Dass ein Scheitern im Halbfinale nun einem Versagen gleichkäme, einem Versagen vor dem jetzt als sicher geglaubten Titel, wie so oft in den letzten Jahren. Die Anfeuerung war zum Imperativ geworden; eine Niederlage gegen derart geschwächte Brasilianer undenkbar, unterbewusst, wo sich eine gefährliche Überheblichkeit verwurzelt hatte, und das Unterschätzen zu keimen drohte.

Nichts dergleichen! Die Verantwortlichen argumentierten vehement dagegen und stellten klar, dass dieser geschwächte Gegner gestärkt aus dem Verlust hervorgehen würde, als verschworene Einheit, die für den brutal verletzten Kameraden spielte. Das gesamte Volk und die sechzigtausend Fans im Stadion würden bedingungslos hinter ihrer Mannschaft stehen, die völlig druckbefreit und entfesselt mit Herz, Leidenschaft und großem Kampf gegen die eigene Truppe antreten könne.

Brennende Brasilianer trafen auf durchdachte Deutsche. Das Beste was dieser WM passieren konnte. Die vermeintlich schwerste Prüfung für Deutschland stand bevor, und mit dem ersten europäischen Weltmeistertitel auf amerikanischem Boden war Historisches möglich, natürlich auch für Holland, aber wer glaubte das schon.

Elefantenrunde

Brasilien brodelte als die eigene Mannschaft zum Halbfinal-Duell der Giganten einschritt und fest ans Neymar-Trikot geklammert die Hymne schmetterte. Das Heimteam begann denn auch spürbar entfesselt, agierte aber ohne Identifikationsfigur und Kapitän zunehmend zügellos. So dauerte es nur elf Minuten bis Deutschland das Zepter in die Hand nahm und einen beispiellosen Triumphzug begann.

Als die Tore dann plötzlich schneller fielen wie das Bier gezapft werden konnte und Frauen und Kinder auf den Tribünen bittere Tränen weinten, hatte das Katz-und-Maus Spiel ein Stadium erreicht, in dem der Schmerz mitgefühlt und die Dominanz zur Demütigung wurde. Das Ungleichgewicht der Kräfte war so groß, dass es grausam anmutete wie der Gastgeber bloßgestellt und völlig wehrlos in sieben Minuten unterging. Unerbittlich zählte die Anzeigetafel die am Boden liegenden Brasilianer an bis zum 0:5.

Was von den Deutschen schwer erwartet wurde, war plötzlich lockeres Warmlaufen für das Finale. Dabei demonstrierte die Mannschaft eine defensive Dichte und Kontrolle, die fast noch furchteinflößender war als der Offensivzauber. Die totale Spielbeherrschung ermöglichte ein absichtliches Runterschalten, um dem Gegner vor eigenem Publikum noch die ein oder andere Chance zu gewähren sowie dem eigenen Torwart Gelegenheit zu geben, für das Finale zu beeindrucken. Denn der hatte nichts zu verschenken, wollte auch bei sieben zu null spielen und ärgerte sich ernsthaft über den Gegentreffer in letzter Minute.

Als es vorbei war, hatte sich Deutschland in den Fußball-Annalen und Kuriositätenkabinetten verewigt und den Brasilianern nicht nur ihren Stolz, sondern auch den WM-Rekordtorschützen genommen. Im Gastgeberland erlosch der letzte Funken Hoffnung in der verbrannten Erde dieser WM. Durch die Enttäuschung über die sportliche Blamage entfacht, loderte wieder die alte Wut über unerfüllte Versprechungen von FIFA und Regierung, symbolisiert durch die gebrochene Brücke am Ort der historischen Niederlage.

In der Siegerheimat hingegen rieben sich manche Fans immer noch die Augen ob der Surrealität des Gesehenen, das selbst für einen Traum zu traumhaft war, als Realität aber bizarr erschien. Genauso wie ein schwarz-rot-gold erleuchtetes Empire State Building im Land des Lauschens jenseits der privaten Sphäre. Als Dank für diese Geste des Respekts gab es für die US-Geheimdienste in dieser Nacht reichlich Futter aus dem deutschen Kommunikationsarsenal. Zahllose mal mehr mal weniger verdächtige Fußball Tweets und Bauernweisheiten, wie „Nach Regen daheim und in Südafrika, wird jetzt geerntet im Maracanã" fluteten das Netz.

Und tatsächlich, das im Sommermärchen geborene Projekt stand vor seiner Vollendung. Der vierte Stern war zum Greifen nah. Nach acht Jahren Reifeprozess lag dieser Mannschaft der WM-Titel nun zu Füßen. Sie hatten ihn verdient, obwohl sie ihn noch nicht hatten, aber wer sollte sie denn schlagen?

Gut, Ghana und Algerien waren nah dran, aber das war lange her. Deutschland hatte den Rekordweltmeister 7:1 (in Worten: Sieben zu Eins!) aus dem Stadion geschossen. Ähnlich wie 2010, als England und Argentinien zusammen 8:1 weggefegt worden waren, und dann das Aus kam. Ungültig, denn diesmal war es Halbfinale und in einem Spiel 7:1 gegen Brasilien als Gastgeber, aber ohne Neymar und Thiago Silva. Na und?

Und überhaupt, jetzt war Endspiel und beide möglichen Gegner auf jeden Fall zu packen. Einfacher sicher Holland, weil die sowieso keine WM gewinnen. Aber Argentinien wäre auch gut. Denen hatte Deutschland im Finale 1990 gezeigt, was eine Harke ist, aber 1986 verloren, weil Maradona damals noch fit war. Und jetzt, Messi. Der war kein Maradona, oder? Ernsthafte Zweifel? Nein. Vielleicht noch ein wenig Zweckpessimismus, der aber als Ahnungslosigkeit belächelt wurde.

Deutschland wird Weltmeister, das stand noch nicht fest, war aber sicher. So sicher wie der Sieg gegen Dänemark im EM-Finale 1992, der Weltmeistertitel überragender Ungarn 1954, der Eishockey Olympiasieg der Sowjets in Lake Placid oder die Niederlage Muhammad Alis gegen den unbesiegbaren George Foreman im Jungle Rumble. Nichts war unmöglich, auch nicht ein 7:1 gegen Gastgeber Brasilien im WM-Halbfinale.

Alles möglich auch im anderen Spiel um den Finaleinzug zwischen Holland und Argentinien. Zwei weitere Fußball-Dickhäuter in einem Duell, das die Fans elektrisierte. Aber diesmal gab es kein Spektakel, sondern ein zähes Ringen zweier defensiv eingestellter Mannschaften auf der Suche nach Gegners Blöße. Die besseren der wenigen Chancen hatten die Südamerikaner, aber keiner traf. Das Elfmeterschießen musste die Entscheidung bringen.

Doch wo war Proll Krul? Der wortgewandt gestenreiche Dutch Dödel war doch der Held im Costa Rica shootout. Wie er durch sein tiefenpsychologisch versiert artikuliertes „I know" den gegnerischen Schützen mit arischem Gruselgesicht zu verstehen gab „Ich weiß, …was Du letzten Sommer getan hast" und sie damit in zwei Fehlschüsse trieb, war unheimlich unfair, aber erfolgreich. Doch offensichtlich hatte er die argentinischen Spieler-Tagebücher weniger genau studiert, so dass es diesmal für den Horror-Holländer hieß: „I? No!"

Stattdessen setzte General Spezial mit seiner letzten Auswechslung erneut auf den Hunter und damit wohl auf eine vorzeitige Entscheidung. Das ging schief, denn der von seinem Trainer abschätzig als Elferversager beschriebene Haupttorhüter („Der hat in seiner Karriere noch keinen Elfmeter gehalten"), bestätigte diese Einschätzung und hielt keinen. Der unterschätzte Gaucho-Goalie dafür zwei und Holland war draußen. Der Elftal-Keeper blieb damit in der Schusslinie, fühlte sich wohl auch verantwortlich für das Ausscheiden und ist als schuldüberfrachteter Sündenbock der nächste Fall für den Fußball-Psycho.

Optimal für van Gaal, der es mal wieder gleich gewusst hat, seinem Tormann aber eine Chance geben wollte, und somit als weiser, großmütiger, über den Dingen stehender Papa Schlau aus dem Spiel ging. Und sich dachte, lieber gegen demontierte Brasilianer Dritter werden als die Höchststrafe im Maracanã, wo dem Erzfeind zum Titel gratuliert und durch das deutsche Spielerspalier spaziert werden müsste.

Dieser Herausforderung stellte sich nun Argentinien, das abgeklärt, routiniert und bestens sortiert auftrat. Den WM-Titel im Wohnzimmer des Erzrivalen zu holen, war für die Mannen um Messi ein spezieller Anreiz, der zusätzliche Kräfte freisetzen würde, um alte Rechnungen zu begleichen. Beim 0:4 gegen Deutschland in Südafrika waren die meisten dabei und verlangten Wiedergutmachung.

Jetzt ging es um alles. Ein Spiel. Ein Sieg. Vier Sterne.

Sternstunden

Wie 1990, war das Finale gegen Argentinien ein enges Spiel, in dem die deutsche Mannschaft dem Anlass angemessen angespannt agierte. Wie ein Damoklesschwert schwebte der mögliche Rückstand über der deutschen Elf. Die servierte dem lauernden Gegner die besten Chancen selbst, fing ein Abseitstor und musste stets auf der Hut sein vor dem zaubernden Zehner der Argentinier, der nur darauf wartete, den seidenen Faden mit einem Geniestreich zu durchtrennen.

Messis Schneide war scharf, und jede Gaucho-Gelegenheit attackierte gnadenlos alle Hoffnung auf Zuwachs am Firmament. So sah vor dem Pausentee nur einer Sterne, nämlich der rechte Pfosten des argentinischen Tores. Haudegen Höwedes hatte seinen Schädel in den Eckball vom Kollegen Kroos geworfen und dem Aluminium aus kürzester Entfernung einen Frontaltreffer verpasst. Der aufbrandende Torjubel der deutschen Fans erstickte im Keim und sie rangen weiter nach Luft bis in die Verlängerung. Aber plötzlich, als die Ultima Ratio schon beschlossene Sache schien, hielt Fußball-Deutschland den Atem an.

Auf der Bank, wo bereits ein Neuer Zettel geschrieben wurde, in Gedenken an das märchenhafte Elfmeterschießen anno 2006, blickten alle nur auf Schürrle, den strahlenden Blondschopf, der wie eine Sternschnuppe am linken Rand der Angriffsseite im legendären Estádio do Maracanã am Fuße des Corcovado entlangflog, immer schneller und wunderschön den Ball in Richtung Mitte hob, wo Mario Götze seine außergewöhnlichen technischen Fähigkeiten aufblitzen ließ und dem langen Weg das Ziel schenkte.

Kanzlerin und Präsident riss es aus den Sitzen in freudiger Erwartung des Kabinenselfies im Schweißbad der Weltmeister Jungs. Joseph und Wladimir applaudierten artig, bevor sie sich weiter selbstbeweihreicherten. Und Brasiliens Staatsoberfrau Rousseff genoss den Applaus ihrer Landsleute in der Hoffnung, dass die Niederlage des Erzfeinds doch Volkes Unmut besänftigen möge.

Nichts da. Bei der Siegerehrung ein beispielloses Pfeifkonzert für FIFAs Sepp und die gelbe Präsidentin, die dann noch beinahe die Pokalübergabe verblatterten. Scheinbar spontan entschied der Schweizer, es solle doch die Brasilianerin übergeben. Hektisch reichte er ihr das Gold, ließ aber selbst nicht los, und verschob so zusammen mit der sichtlich neben sich stehenden Staatschefin den WM-Pokal zum deutschen Kapitän Philipp Lahm. Der ließ sich davon nicht beirren, schnappte sich das Ding und hob es in den von Feuerwerk erleuchteten Nachthimmel, um allen zu zeigen, dass es endlich geschafft war. Nach 24 Jahren, und erstmals als europäische Mannschaft auf südamerikanischem Boden, holte Deutschland wieder den WM-Titel.

Der Plan war aufgegangen,
und am Trikot prangen
nun vier Sterne wunderbar.

Und so liefen bei den Adidasslern noch in der Nacht die Druckerpressen auf Hochtouren, um die nach Trikot Upgrades dürstenden Fanmeilen und Autokorsos schnellstmöglich mit neuem Sternbild zu versorgen.

Einen Tag zuvor gab es im kleinen Nike-Finale eine weitere bittere Schlappe für den Gastgeber. Gegen mäßig motiviert auftretende Holländer hatte die Seleção außer eklatanten Abwehrschwächen nichts zu bieten. Das 0:3 hinterließ ein völlig demoliertes Brasilien. Der vierte Platz bei der Fußball-WM im eigenen Land war für den Rekordweltmeister eine Riesenenttäuschung.

Und die Elftal? Auch wenn es diesmal nicht zum Vizetitel reichte, so fügte doch der erste dritte Platz in der WM-Geschichte der Treppchen-Sammlung der Niederländer immerhin eine Stufe hinzu. Nach dreimal rechts stehen sie diesmal links vom Besten und beim Blick über die Ostgrenze weisen dem Oranje Fan vier Sterne den (bald mautpflichtigen) Weg durch die Heimat der Nummer Eins des Weltfußballs:

Deutschland!

Genug ist genug

Der deutsche Titelgewinn macht diese WM natürlich unvergessen für alle hiesigen Fans. In der Erinnerung verbleibt auch ein sportlich hochklassiges, stimmungsvolles Turnier voller Emotionen in einem den Fußball liebenden Land. Genau deshalb war Brasilien ein idealer Gastgeber, auch wenn der Umgang mit den zahlreichen sozialen Problemen bei allem Jubel immer wieder nachdenklich gemacht hat. Doch diese Gedanken verfliegen flugs, denn im schnelllebigen Jetzt richtet sich der Blick allzu oft in die Zukunft. Ach, wie schön wäre doch der fünfte Stern, den bisher nur die Brasilianer haben.

Diese frohlockende Vorfreude auf die nächsten Weltmeisterschaften wird jedoch schnell von deren dunklen Vorboten überschattet. Die zeigen sich beim Sinnieren über die wüsten Austragungsorte der kommenden FIFA-Turniere und wecken größte Zweifel am gesunden Menschenverstand der Verantwortlichen. So wurde die nächste Weltmeisterschaft ins raubeinige Russland gewählt, wo in den Arenen von Jekaterinburg bis Rostow (oder Donezk) das Verbandsmotto „Moneten, Macht und Manipulationen" auf fruchtbaren Boden fallen wird. Die Spielorte liegen alle im europäischen Viertel des Riesenreichs. Damit war eine Fußballnation aus Europa als Gastgeber für das Turnier vier Jahre später ausgeschlossen.

Stattdessen fanden sich im Lostopf für 2022 die USA, Japan und Südkorea sowie die beiden Neulinge Australien und Katar. Der Wüstenstaat, kleiner als Schleswig-Holstein, warb mit einer Sandkasten-WM der kurzen Wege und mit Erfahrung als Ausrichter der Asien-Spiele im Winter 2011. Das Fassungsvermögen der damals genutzten fünf Stadien war in vier Fällen mit zwölftausendfünfhundert bis zweiundzwanzigtausend Zuschauern WM-untauglich. Aber das würde sich mit Petrodollars sicherlich leicht korrigieren lassen. Außerdem ging es doch auch darum, „die Expansion des Fußballs voranzutreiben" und alle Länder dieser Erde für das Ballspiel zu „erobern", wie Missionar Blatter leidenschaftlich ausführte. Worte, die von Herzen kamen, dort, wo der Chef-Sepp seine Wurzeln als FIFA-Entwicklungsbeauftragter noch immer tief in sich spürt. Das überzeugte die wahlberechtigen Exekutiven, und sie stimmten mehrheitlich für das Turnier im Emirat.

So laden nun also die Scheichs zum kollektiven Katarrh, wenn draußen brasilianische Höchsttemperaturen in den Schatten gestellt und drinnen Klimaanlagen heiß laufen werden. Die Spieler brennen schon jetzt und sind heiß auf ihre Einsätze in der Glut des arabischen Sommers. Die Fans freuen sich auf hitzige Duelle auch wenn sie zwischen Kamelen und Kalifen möglicherweise etwas länger nach gleichgesinnten Einheimischen suchen müssen als in europäischen Fußball-Hochburgen.

Dafür schmeckt das eisgekühlte Bier umso besser, alkoholfrei natürlich!

Aber trotz Schönwettergarantie und Glückshormon spendender Dauerbesonnung, regten sich seit der Wahl in 2010 Zweifel ob der Optimalität von Sommerfußball in der Wüste. Alternativvorschläge machten die Runde. Vorschläge, die die Fußballwelt auf den Kopf stellen könnten, denn die erste Winter-WM ist im Gespräch. Klingt doch prima! Da könnten wir uns nach dem heiligabendlichen Kirchenbesuch so richtig auf das Finale freuen mit anschließendem Autokorso durch die stille Nacht, heilige Nacht. Schöne Bescherung! Zwei Wochen später ziehen dann die Heiligen Drei Könige im frischen Trikot durch die verschneiten Straßen und besingen den fünften (oder sechsten) Stern.

Doch was spricht eigentlich noch gegen Katar als Ausrichtungsort, außer den üblichen Nörgeleien über unpassendes Wetter und konservativ kleinkarierter Kritik an der fehlenden Fußballtradition? Nun, es sollte auch erwähnt werden, dass die Katarchen das meiste CO_2 pro Einwohner in die Luft pusten und damit dem Klimawandel vorzüglich Vorschub leisten. Dafür wollen sie die Klimaanlagen in ihren neun neuen Stadien absolut klimaneutral mit Sonnenstrom betreiben. Energie also, die bei einer Austragung der WM außerhalb der Wüste überhaupt nicht benötigt würde.

Aber wollen wir nicht zu kritisch sein, denn die absolute Monarchie hat auch ihre sparsamen Seiten. Zum Beispiel wenn es um die würdige Behandlung und Bezahlung ihrer Mitarbeiter auf den Stadionbaustellen geht. Hier muss einfach kürzer getreten werden, denn schließlich wird das durchaus üppig vorhandene Öl- und Gasgeld für andere essentielle Aufgaben wie exzessives Terroristen-Sponsoring benötigt. So ein Kreuzzug im Namen Allahs zur Vernichtung aller Ungläubigen oder jüngst zur Errichtung eines islamischen Staates ist schließlich nicht ganz billig.

Ob sich angesichts dieser durchaus evidenten Negativaspekte alle abstimmenden Verbandsmitglieder tatsächlich unbeeinflusst für Katar entschieden haben, oder nicht doch durch großzügige Zuwendungen aus dem Morgenland animiert wurden, bleibt unbewiesen, ist aber kaum umstritten. Auf der anderen Seite drängt sich die Frage auf, ob es eine FIFA wirklich nötig hat, bestechlich zu sein? Der Verband schwimmt im Geld mit weit mehr als einer Milliarde Euro auf der hohen Kante. Alleine mit der WM 2014 wurden mehr als eineinhalb Milliarden Euro Gewinn gemacht! Davon sollte den stimmberechtigten Exekutiven doch ein ausreichendes Auskommen gesichert werden können, um korrumpierende Ködereien ins Leere laufen zu lassen.

Aber vielleicht gab es andere, unwiderstehliche Verheißungen, die manch gestressten Funktionär gelockt haben. Zum Beispiel die Freude auf eine

Limo, gestreckt und randvoll mit Haremsdamen, die zur heißen Fahrt von der palastösen Residenz zu den Spielstätten blasen. Dies könnte doch ein genügend guter Grund gewesen sein, Katar, den Goldesel des Terrors, als Austragungsort zu wählen, um das Kleinod an der Lunte der Welt dem Fußball endlich zugänglich zu machen. Oder es war einfach nur die verführerische Aussicht darauf, sich inmitten von Pracht und Protz im Autokratensumpf zu suhlen und unbelästigt von Armut oder Demonstranten selbstgerecht dem Luxus zu frönen. Frei nach der Devise: „Reich und reich gesellt sich gern."

Frivole Fantasie oder widerliche Wahrheit? Einerlei, denn die Grenzen des Zumutbaren sind überschritten, und es bleibt zu hoffen, dass der aus massiver Trübung jeglichen Durchblicks geborene Katar-Akt der WM-Geschichte niemals aufgeführt wird.

Anhang

Alle Spiele, alle Tore der Fußball-WM 2014. **Fettgedruckte Spiele** werden in den genannten *Kapiteln* im Buch aufgegriffen.

Gruppe A

Der Gastgeber

Brasilien - Kroatien	**3:1 (1:1)**
Mexiko - Kamerun	1:0 (0:0)
Brasilien - Mexiko	**0:0**
Kamerun - Kroatien	0:4 (0:1)
Kamerun - Brasilien	**1:4 (1:2)**
Kroatien - Mexiko	**1:3 (0:0)**

Tabelle	Punkte	Tore
1. Brasilien	7	7:2
2. Mexiko	7	4:1
3. Kroatien	3	6:6
4. Kamerun	0	1:9

Gruppe B

Hollands Husarenstück, Emotionale Ekstase

Spanien - Niederlande	**1:5 (1:1)**
Chile - Australien	3:1 (2:1)
Australien - Niederlande	2:3 (1:1)
Spanien - Chile	**0:2 (0:2)**
Australien - Spanien	0:3 (0:1)
Niederlande - Chile	**2:0 (0:0)**

Tabelle	Punkte	Tore
1. Niederlande	9	10:3
2. Chile	6	5:3
3. Spanien	3	4:7
4. Australien	0	3:9

Gruppe C

Leichtigkeit des Seins

Kolumbien - Griechenland	3:0 (1:0)
Elfenbeinküste – Japan	2:1 (0:1)
Kolumbien – Elfenbeinküste	2:1 (0:0)
Japan – Griechenland	0:0
Japan - Kolumbien	**1:4 (1:1)**
Griechenland – Elfenbeinküste	**2:1 (1:0)**

Tabelle	Punkte	Tore
1. Kolumbien	9	9:2
2. Griechenland	4	2:4
3. Elfenbeinküste	3	4:5
4. Japan	1	2:6

Gruppe D

Squadra Tortura, England is coming home

Uruguay - Costa Rica	1:3 (1:0)
England – Italien	**1:2 (1:1)**
Uruguay – England	**2:1 (1:0)**
Italien – Costa Rica	**0:1 (0:1)**
Costa Rica - England	0:0
Italien – Uruguay	**0:1 (0:0)**

Tabelle	Punkte	Tore
1. Costa Rica	7	4:1
2. Uruguay	6	4:4
3. Italien	3	2:3
4. England	1	2:4

Gruppe E

Schweiz - Ecuador	2:1	(0:1)
Frankreich - Honduras	3:0	(1:0)
Schweiz - Frankreich	2:5	(0:3)
Honduras - Ecuador	1:2	(1:1)
Honduras - Schweiz	0:3	(0:2)
Ecuador - Frankreich	0:0	

Tabelle	Punkte	Tore
1. Frankreich	7	8:2
2. Schweiz	6	7:6
3. Ecuador	4	3:3
4. Honduras	0	1:8

Gruppe F

Leichtigkeit des Seins

Argentinien – Bosnien-Herzeg.	2:1 (1:0)
Iran – Nigeria	0:0
Argentinien - Iran	1:0 (0:0)
Nigeria – Bosnien-Herzegowina	1:0 (1:0)
Nigeria - Argentinien	**2:3 (1:2)**
Bosnien-Herzegowina – Iran	3:1 (1:0)

Tabelle	Punkte	Tore
1. Argentinien	9	6:3
2. Nigeria	4	3:3
3. Bosnien-Herzegow.	3	4:4
4. Iran	1	1:4

Gruppe G

Die deutsche Gruppe

Deutschland - Portugal	**4:0 (3:0)**
Ghana – USA	**1:2 (0:1)**
Deutschland - Ghana	**2:2 (0:0)**
USA - Portugal	**2:2 (0:1)**
Portugal - Ghana	**2:1 (1:0)**
USA - Deutschland	**0:1 (0:0)**

Tabelle	Punkte	Tore
1. Deutschland	7	7:2
2. USA	4	4:4
3. Portugal	4	4:7
4. Ghana	1	4:6

Gruppe H

Dynamik und Drohgebärden

Belgien – Algerien	**2:1 (0:1)**
Russland - Südkorea	1:1 (0:0)
Belgien – Russland	1:0 (0:0)
Südkorea - Algerien	2:4 (0:3)
Algerien - Russland	1:1 (0:1)
Südkorea - Belgien	0:1 (0:0)

Tabelle	Punkte	Tore
1. Belgien	9	4:1
2. Algerien	4	6:5
3. Russland	2	2:3
4. Südkorea	1	3:6

Achtelfinale

Eine Prise Fußballgott
Brasilien – Chile   **3:2 n.E. (1:1, 1:1, 1:1)**

Augen auf im Achtelfinale
Kolumbien – Uruguay   **2:0 (1:0)**

Holper, holper, Holland
Niederlande – Mexiko   **2:1 (0:0)**
Costa Rica – Griechenland 5:3 n.E. (0:0, 1:1, 1:1)

Frankreich – Nigeria   2:0 (0:0)

Deutschland im KO-Modus
Deutschland – Algerien   **2:1 n.V. (0:0)**

Abgebrühte Argentinier
Argentinien – Schweiz   **1:0 n.V. (0:0)**
Belgien – USA   **2:1 n.V. (0:0)**

Viertelfinale

Deutschland im KO-Modus

Frankreich – Deutschland   **0:1 (0:1)**

Brasiliens Bruch

Brasilien – Kolumbien   **2:1 (1:0)**

Abgebrühte Argentinier

Argentinien – Belgien   **1:0 (1:0)**

Holper, holper, Holland

Niederlande – Costa Rica   **4:3 n.E. (0:0)**

Halbfinale

Elefantenrunde

Brasilien – Deutschland   **1:7 (0:5)**

Niederlande – Argentinien   **2:4 n.E. (0:0)**

Spiel um Platz 3

Sternstunden

Brasilien – Niederlande   0:3 (0:2)

Finale

Sternstunden

Deutschland – Argentinien   1:0 n.V. (0:0)

Weltmeister 2014

Deutschland

Zeitfracht Medien GmbH
Ferdinand-Jühlke-Straße 7
99095 Erfurt, Deutschland
produktsicherheit@kolibri360.de